Bertrand Gauthier

Silence, les jumeaux tournent

Illustrations
de Daniel Dumont

la courte échelle

Les éditions de la courte échelle inc.
5243, boul. Saint-Laurent
Montréal (Québec) H2T 1S4
www.courteechelle.com

Révision:
Lise Duquette

Conception graphique de l'intérieur:
Derome design inc.

Infographie:
Sara Dagenais

Dépôt légal, 3e trimestre 2007
Bibliothèque nationale du Québec

La courte échelle reconnaît l'aide financière du gouvernement
du Canada par l'entremise du Programme d'aide au développement
de l'industrie de l'édition pour ses activités d'édition. La courte échelle
est aussi inscrite au programme de subvention globale du Conseil des
Arts du Canada et reçoit l'appui du gouvernement du Québec par
l'intermédiaire de la SODEC.

La courte échelle bénéficie également du Programme de crédit d'impôt
pour l'édition de livres — Gestion SODEC — du gouvernement du
Québec.

**Catalogage avant publication de Bibliothèque et Archives nationales
du Québec et Bibliothèque et Archives Canada**

Gauthier, Bertrand

   Silence, les jumeaux tournent

   (Premier Roman; PR159)
   Pour enfants de 7 à 9 ans.

   ISBN 978-2-89021-941-0

   I. Titre. II. Collection.

PS8563.A847S55 2007   jC843'.54   C2007-940660-2
PS9563.A847S55 2007

Imprimé au Canada

Bertrand Gauthier

Bertrand Gauthier a toujours aimé écrire. C'est lui le père des jumeaux Bulle, du petit Adrien, du tendre Zunik, de Mélanie Lapierre et, bien sûr, de la célèbre Ani Croche. Il est également l'auteur de deux romans pour les adolescents parus dans la collection Ado. Bertrand Gauthier est le fondateur des éditions de la courte échelle. Très aimé des jeunes, il a reçu le premier prix au palmarès des clubs de lecture de la Livromagie pour *La revanche d'Ani Croche*, et il participe fréquemment à des rencontres dans les écoles et les bibliothèques. Plusieurs de ses livres sont traduits en anglais, en chinois, en grec et en espagnol.

Bertrand Gauthier est un adepte de la bonne forme physique. Il aime marcher au grand air et faire du vélo. Il adore aller au cinéma, au théâtre et découvrir ce qui est nouveau. Mais surtout, Bertrand Gauthier aime les histoires. De toutes les sortes: amusantes, étonnantes, bien ficelées, effrayantes ou émouvantes.

Daniel Dumont

Daniel Dumont a étudié en design graphique. On peut voir ses illustrations dans des magazines et des livres pour les jeunes. Son talent dépasse les frontières du Québec puisqu'il est également apprécié au Canada anglais et aux États-Unis. Et c'est toujours avec passion qu'il parle de son métier aux élèves qu'il rencontre dans les écoles. En dehors du dessin, Daniel Dumont aime marcher en montagne et partir en excursion pour quelques jours avec son sac à dos. Il a aussi deux enfants, Lola et Romain, qu'il adore.

Du même auteur, à la courte échelle

Bertrand Gauthier

Silence, les jumeaux tournent

Illustrations
de Daniel Dumont

la courte échelle

Générique pour jumeaux sanglotants

— Lequel de nous deux sanglote à l'écran? demande Bé à son frère jumeau.

— Il y a une chance sur deux que ce soit moi, lui répond Dé.

— Et l'autre chance sur deux, c'est que ce soit moi, ajoute Bé en riant.

Quand les jumeaux Bulle visionnent le DVD d'*Un bébé dans les pattes*, le même scénario se

répète. Bé et Dé savent que l'un d'eux est à l'écran, mais ils se creusent les méninges pour déterminer lequel.

Étonnant?

Oui et non.

Oui, si on ignore le fin mot de l'histoire.

Non, si on décide de stopper immédiatement le DVD et de fermer le téléviseur.

Ces opérations complétées, il faut inviter Bé et Dé à voyager dans le temps. Plus précisément, on doit proposer aux jumeaux Bulle de retourner huit ans en arrière.

Pour se retrouver sur un plateau de tournage.

Celui de la comédie *Un bébé dans les pattes*.

À cette lointaine époque, Bé et Dé Bulle étaient âgés de six longs mois et de minuscules poussières. Quels souvenirs gardent-ils de ce tournage?

Aucun.

N'est-il pas normal que des bébés n'aient pas une mémoire d'éléphant? Honnêtement, qui se rappelle les années où il avait une couche aux fesses?

Pour sa première comédie, le

réalisateur avait décidé de faire appel à deux nourrissons pour en incarner un. En prenant cette décision, Bob Inn respectait une règle d'or du cinéma.

Tout cinéaste averti sait que les réactions d'un bébé sont imprévisibles. Pour réussir une scène, il est préférable d'avoir au moins deux nourrissons à portée de caméra.

Grâce à leur tante Flo, une grande amie de Bob Inn, Bé et Dé avaient hérité du rôle de Bébé Arnold, le poupon-héros de cette comédie.

En plus d'être un réalisateur averti, Bob Inn est un cinéaste qui fait courir les foules. Depuis la sortie d'*Un bébé dans les pattes*, il n'a cessé de collectionner les succès.

À preuve, ses deux dernières réalisations, *Deux nigauds à Tokyo* et *Trois bêtas dans le Sahara*, lui avaient valu le titre envié de roi incontesté du box-office.

Traduites en plus de cent langues, ces comédies ont été vues et ries par des millions de terriens et de terriennes. Dans une récente interview à la revue *Mégastar*, le populaire réalisateur s'était confié à Sissi Néma.

— Je prie tous les jours pour que les autres planètes de notre système solaire soient habitées.

— Et pourquoi donc? lui avait demandé la jeune reporter du magazine.

— Je décuplerais mes chances de dépasser le milliard d'entrées pour mon prochain film. Avant de vous quitter, mademoiselle

Néma, j'aimerais offrir un scoop à vos lecteurs choyés et à vos lectrices chéries.

— Ne vous gênez pas, monsieur Inn. Notre revue adore les exclusivités.

— Dès la semaine prochaine, j'entreprends le tournage de *Quatre zozos à Chicago* dont la sortie est prévue l'an prochain.

— Aux quatre coins du globe?

— Pour l'instant, bien sûr, en attendant le jour de son lancement intergalactique.

Bé et Dé tourneront-ils dans *Quatre zozos à Chicago*?

L'an prochain, les jumeaux Bulle fouleront-ils le tapis rouge aux côtés de Bob Inn? Lors de cette première intergalactique, Bé et Dé seront-ils interviewés par Sissi Néma?

Non, un autre plateau les attend.

Un plateau où ils devront rester muets.

Muets comme des taupes.

Deux taupes anonymes qui n'ont plus la couche aux fesses.

1
Le Kid des Temps modernes

— Silence, on tourne.

Comme le reste de l'équipe, Bé et Dé s'empressent d'obéir à cet ordre donné par Char Lot. Quand on a la chance de figurer dans le film d'un cinéaste aussi talentueux, on suit ses recommandations au pied de la lettre.

Si les jumeaux tournent avec ce Char Lot, ce n'est pas grâce à leur marraine Flo. Non, cette fois, ce sont leurs parents qu'ils doivent remercier.

Deux mois plus tôt.

Un samedi matin, Pa et Ma écoutent l'émission radiophonique *Culturéclair*.

La maison de production Le 7ᵉ Art recherche des jeunes jumeaux et jumelles identiques pour figurer dans Le Kid des Temps modernes, *le nouveau film de Char Lot.*

Ces propos de l'animatrice piquent la curiosité de Pa et de Ma. Pour bien saisir la suite, chacun tend son oreille la plus attentive.

Les duos intéressés doivent se présenter à 10 h, le 21 juin prochain, à nos locaux du 1936, boulevard Lumière, à l'angle de l'avenue des Grands Classiques.

Vous ne pouvez pas nous rater, une affiche géante de Char Lot ornera l'édifice centenaire.

L'expérience d'un plateau de tournage n'est pas obligatoire. Néanmoins, elle sera considérée comme un atout par le réalisateur et sa fidèle équipe.

Bonne chance à tous-tous et à toutes-toutes.

Dans cette présentation, Pa et Ma Bulle reconnaissent la description de leurs fils aux multiples talents.

Des jumeaux identiques?

Sûr, on peut l'être autant que Bé et Dé.

Mais pas plus.

L'atout de l'expérience?

À six mois, couches encore aux fesses, leurs poupons chéris tiraient déjà leur épingle du jeu sur un plateau de tournage.

Imaginez maintenant.

De plus, leurs fils ont un autre atout de taille: ils sont bilingues. Combien de jumeaux ou de jumelles peuvent se vanter de parler couramment le français et le blabla?

Le matin du 21 juin, l'audition ne fut pas une audition.

Accueillis par Ange Lot, la cousine et assistante de Char Lot, Bé et Dé furent engagés sur-le-champ.

Pour un grand rôle?

Non, plutôt pour une figuration dans une des scènes principales du film *Le Kid des Temps modernes*.

— Viut maoux faguror quo no pis faguror, avait dit Bé à Dé, à la sortie de ce simulacre d'audition.

— Ot puas, iu fend, dins un falm muot, teus los ictours sent dos fagurints, avait ajouté Dé.

Quand on sait
que cette langue inventée
par Bé et par Dé
est du français
sauf pour les e

qui déménagent en o
et pour les o
qui remplacent les e
pour les a
qui se muent en i
et pour les i
qui se déguisent en a
on conclut que le blabla
n'a rien d'un charabia.

2
Gâteau au chocolat et limonade

Pour des comédiens expérimentés, faire de la figuration n'a rien de compliqué. Le seul problème de taille: le matin, ils doivent se lever très tôt.

Beaucoup trop tôt au goût de Bé et Dé.

Ainsi vont les plateaux de cinéma: lever tôt, coucher tard.

Pour les besoins du film *Le Kid des Temps modernes*, Bé et

Dé sont attablés à la terrasse Le gros magot. Assis entre leurs parents, ils doivent manger du gâteau au chocolat et boire de la limonade.

Que désirer de plus?

Leurs parents ne sont pas leurs vrais parents. Dans la scène qu'on se prépare à tourner, Pa et Ma sont remplacés par des

comédiens-figurants.

Leurs noms? Madonna Jolie et Léonardo Lebeau.

Est-ce leurs vrais noms? Non et non.

Tous deux se sont affublés de noms plus adaptés à leur statut de future vedette du grand écran. N'ont-ils pas le secret espoir de briller un jour au firmament des étoiles du cinéma?

Ainsi, Pierrette Tremblay se nomme maintenant Madonna Jolie. Et Jacques Gagnon? En un tour de manivelle, il est devenu Léonardo Lebeau.

— Silence, on tourne.

Au pas de course, le Kid surgit dans l'image. Essoufflé, il s'arrête devant Le gros magot. Il parcourt des yeux la terrasse, avant de se diriger vers la table des jumeaux Bulle et de leurs parents.

C'est là que Bé et Dé entrent en action.

Suivant les instructions d'Ange Lot, ils doivent demeurer impassibles.

Impassibles quand le Kid s'incline devant eux.

Indifférents quand le Kid tend sa casquette en les implorant de lui verser une aumône, si minime soit-elle.

Insensibles face à ce pauvre garçon affamé.

Dans la vraie vie, les jumeaux Bulle n'hésiteraient pas à partager leur gâteau et leur limonade avec le Kid. Malheureusement, le cinéma n'est pas la vraie vie.

Pour les besoins du film, Bé et Dé font partie des gens fortunés.

À ce titre, ils ne doivent pas s'intéresser au Kid. Char Lot veut ainsi montrer la grande distance qu'il y a entre les riches et les pauvres.

Aux yeux de Bé et Dé, le Kid n'est pas à sa place au Gros magot. Il devrait retourner d'où il vient et cesser de les importuner.

Les jumeaux ne vont pas jusqu'à insulter le jeune héros. De toute façon, le film étant muet, il faudrait des insultes silencieuses.

— Peur l'anstint, mômo s'al fiat pataó, al fiut l'agneror, murmure Bé à Dé, entre deux bouchées de gâteau.

— Ì li piuso, en lua dennori du gîtoiu, chuchote Dé à Bé, entre deux gorgées de limonade.

— Coupez, on reprend.

Avant que le «Silence, on tourne!» suivant soit prononcé, les jumeaux Bulle cherchent à s'approcher du Kid. Ils aimeraient tant partager leur gâteau au chocolat et leur limonade avec lui.

Leurs efforts sont vains, le Kid demeure inaccessible. Entre les scènes, il regagne sa loge. Le jeune comédien préfère fuir les distractions qui pourraient nuire à sa concentration.

En cherchant à fraterniser avec le Kid, Bé et Dé veulent-ils se faire pardonner l'attitude froide et hautaine que leur impose leur rôle?

S'ils avaient le choix, que feraient les jumeaux?

Se glisser dans la peau du pauvre Kid qui demande l'aumône? Ou dans celle de ces enfants gâtés qui restent insensibles devant la misère humaine?

Se glisser dans la peau du Kid.
Sans la moindre hésitation.
Mais quand on hérite d'un rôle
dans un film muet ou parlant
en couleurs ou en noir et blanc
tantôt triste ou parfois drôle
ce rôle il faut le jouer
tel qu'il nous est demandé
et cette règle du cinéma
que ça leur plaise ou pas
Bé et Dé ne la changeront pas.

3
Est-il possible de parler sans dire un mot?

Une autre règle d'or du cinéma: chaque soir, un réalisateur avisé visionne les scènes filmées dans la journée.

Et Char Lot ne déroge pas à cette tradition.

Si une erreur est gravée sur la pellicule, il est inutile de poursuivre le tournage. Aussitôt détectée, la lacune doit être corrigée. Sinon, Char Lot est convaincu que cette bévue viendra le hanter lors du montage final.

Ce soir-là, tout va pour le mieux dans le meilleur des films. Jusqu'au moment où Ange Lot fait irruption dans la salle de projection.

Agitée, elle veut que le projectionniste Gros Lot repasse la dernière scène au ralenti.

— Il y a un problème, Char.

De quel droit Ange Lot se permet-elle d'interrompre le visionnement? En tant qu'assistante réalisatrice, c'est son devoir de veiller à détecter les anomalies du tournage.

— Eurêka, j'ai trouvé, reprend Char Lot. L'image est un peu floue...

— Non, non, Char, tu ne brûles pas. Le problème n'est pas relié à l'image.

— Ne me raconte pas que c'est un problème de son, rigole Char Lot. Si on réalise un film muet, il est impossible d'avoir un problème de son.

— Tu as raison, ce n'est pas un problème de son. Mais c'est tout de même un problème de parole.

— Je ne vois pas, Ange, je donne ma langue au chat.

— Là, regarde, tout juste derrière le Kid.

En se grattant la tête, Char Lot s'approche de l'écran. Après avoir scruté l'image, il revient vers son assistante.

— Qu'y a-t-il d'anormal, Ange?

— Observe ces jumeaux assis à la terrasse.

Plein de bonne volonté, le réalisateur fixe une nouvelle fois l'image qui défile.

— Il me semble qu'ils font ce qu'ils ont à faire: ils mangent du gâteau et boivent de la limonade.

Persuadée qu'il y a anguille sous roche, Ange Lot poursuit.

— En plus de boire et manger, ne vois-tu pas que ces jumeaux Bulle murmurent et chuchotent des choses?

Char Lot constate que ces figurants-jumeaux bougent les lèvres. Mais en quoi cela dérange-t-il le tournage d'un film muet?

— Là, vraiment, Ange, je trouve que tu exagères. C'est bon d'être perfectionniste, ça devient un défaut de l'être trop.

— Fais confiance à ton assistante. Je crois qu'il faudrait bavarder avec ces jumeaux Bulle. Vaut mieux prévenir que de se retrouver dans le pétrin au montage.

— Puisque tu y tiens, c'est d'accord. À demain matin, à la première heure. Mais je te préviens, tu devras être brève. J'ai une grosse journée qui m'attend.

Jugeant le sujet clos, Char Lot retourne s'asseoir au centre de la salle. Aussitôt, son cousin Gros

Lot redémarre la projection.

À la vitesse normale, cette fois.

Dans l'entourage de Char Lot, tout le monde sait que le cinéaste est un bourreau de travail. En plus de réaliser ses films et d'y tenir le rôle principal, il en fait le montage.

Et quand, à la brunante, le plateau cesse de s'agiter, comment Char Lot se détend-il?

Jusqu'au milieu de la nuit, il se fait projeter les scènes tournées dans la journée. Durant ce visionnement, il compose la trame musicale de son film.

Les films muets sont avares de mots.

Mais ils sont friands de musique.

4
Cafouillage devant un Kid affamé

Le lendemain.

À l'aube, Ange Lot invite les jumeaux à la suivre. De si bon matin, Bé et Dé s'étonnent d'être ainsi convoqués chez le grand Char Lot.

— Un petit mystère à éclaircir, leur dit simplement Ange Lot sur le chemin menant à la loge du réalisateur.

Dès leur arrivée, Ange fait

signe à Bé et Dé de prendre place devant un petit écran. Char et Ange demeurent debout, derrière les jumeaux. Tous quatre visionnent la scène filmée la veille à la terrasse Le gros magot.

La courte projection terminée, Ange interroge les Bulle:

— Messieurs les jumeaux, quel est ce galimatias que vous baragouinez?

Après avoir échangé un regard complice, Bé et Dé claironnent en chœur :

— Ça ne peut pas être du galimatias, madame, nous ne connaissons pas cette langue.

— Si ce n'est pas du galimatias, c'est quoi alors? insiste Ange Lot.

— Mias c'ost du blibli, précise Bé.

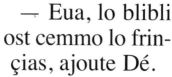

— Eua, lo blibli ost cemmo lo frinçias, ajoute Dé.

— Oui, le blabla est comme le français, répète Bé. Sauf que les quatre principales voyelles s'amusent à jouer à la chaise musicale...

— ... sans jamais se fatiguer, complète Dé.

Bé et Dé dévoilent ensuite le code du blabla. Aussitôt, la dévouée assistante de Char Lot se met au travail. Elle revisionne plusieurs fois la scène où Bé murmure et Dé chuchote.

Ange Lot prend son temps, car elle déteste se tromper. Même si elle peut lire sur les lèvres, lo blibli lui donne du fil à retordre. À mesure qu'elle saisit des bouts de texte, elle les transcrit en blabla.

Avant de les traduire en français.

— Et puis? s'impatiente Char Lot, que blablatent ces jumeaux?

— Mon intuition était bonne, Char, ils blablatent des mots qu'ils n'auraient pas dû blablater. Des phrases qui risquent de briser la magie du film.

Et Ange Lot traduit à Char Lot.

— L'un murmure: «Pour l'instant, même s'il fait pitié, il faut l'ignorer…»

— Et l'autre, que chuchote-t-il?

— «À la pause, on lui donnera du gâteau.»

— Quoi? s'exclame le réali-

sateur en se tournant vers les jumeaux. Personne ne vous a donc
précisé votre rôle?

Surpris, Bé et Dé ne savent
quoi répondre.

Peu importe, Char Lot n'a pas
fini son envolée.

— Messieurs, vous devez rester in-sen-si-bles, im-pas-si-bles, in-dif-fé-rents au Kid. Au lieu de ça, vous éprouvez de la pitié pour lui et vous voulez lui offrir du gâteau. Mes chers amis, vous faites le contraire de ce que vous devriez faire.

Bé et Dé n'en reviennent pas. Jamais ils n'auraient cru que deux petites phrases en blabla puissent créer un tel remous.

Surtout dans un film muet.

Désolés, les jumeaux Bulle sentent le besoin de se justifier.

— C'est sûr qu'on voulait lui offrir du gâteau, mais seulement à la pause, explique timidement Dé.

— Oui, enchaîne Bé, madame Ange nous avait expliqué que, pendant la scène filmée, on devait

rester insensibles au Kid. N'est-ce pas ce qu'on a réussi à faire?

Ces précisions détendent Char Lot. Du moins si on se fie au sourire qui se dessine aux confins de ses lèvres.

— Bon, ce n'est pas si terrible, avoue le réalisateur. Assez de papotage, de baragouinage et de cafouillage, on efface tout.

Bé et Dé sont rassurés, leur gaffe involontaire peut se corriger.

— Tout le monde dehors, on reprend la scène, annonce Char Lot déjà en route vers le plateau.

Aussitôt, Ange Lot reconduit Bé et Dé à la terrasse du Gros magot.

Une fois les jumeaux assis, elle leur chuchote:

— On n'a pas le choix, il faut

être prudent. Il y a des spectateurs qui peuvent lire sur les
lèvres. Même si on figure dans
un film muet, on ne peut pas blablater n'importe quoi. Il faut res-
pecter l'esprit du scénario.

Avant de quitter Le gros magot, Ange Lot leur fredonne ses
dernières recommandations.

Quand tourne la caméra
mangez et buvez
tant qu'il vous plaira
et si vous voulez parler
faites-le sans blablater
mais de grâce évitez
cher Bé et cher Dé
de vous apitoyer
sur le sort réservé
au pauvre Kid affamé.

Pour Ange Lot, facile à fredonner.

Pour Bé et Dé, difficile à jouer.

Et impossible à accepter.

5
Petit orteil
et beaux draps

Une heure plus tard.

Heureusement, le ciel est bleu et le soleil brille. S'il fait si beau, qu'attend Char Lot pour crier l'habituel «Silence, on tourne»?

Sur le plateau, l'équipe est sur le qui-vive, prête à recommencer la scène de la veille. Sans blabla murmuré, chuchoté et débordant de compassion.

— Où est le Kid? s'informe

Char Lot. Allez le chercher, nous commençons dans cinq minutes.

Au pas de course, Ange Lot file vers la loge du Kid.

Une minute plus tard, elle revient vers le plateau. À voir sa mine déconfite, le réalisateur s'inquiète.

«Tout ne tourne pas pour le mieux dans le meilleur des films», songe-t-il au moment où son assistante le rejoint.

— Il y a un pépin, Char.

— Mineur ou majeur?

— Majeur, ça ne peut pas être plus majeur que ça.

Après quelques secondes d'hésitation, Ange Lot enchaîne:

— On a un problème avec le Kid.

— Avec le Kid? s'exclame un Char incrédule.

— Oui, le Kid boite ce matin. Il s'est cassé le petit orteil en frappant un meuble dans sa loge. Pour l'instant, il lui est impossible de jouer son rôle.

— Un petit orteil! répète Char Lot. À ton avis, ça prend combien de temps à guérir?

— Personne ne peut le prédire. Dans la meilleure des hypothèses, le Kid est sur pied dans deux jours. Dans la pire, il traîne de la patte durant un mois.

Pendant que le Kid boite, Char Lot est dans de beaux draps.

La moitié du tournage est complétée et l'autre reste à faire.

Comble de malchance, le Kid est dans presque toutes les scènes du film.

La question s'impose: doit-on attendre la guérison du Kid pour continuer?

— Que fait-on, Ange? demande le réalisateur inquiet.

Depuis un moment déjà, Ange Lot réfléchit à la question.

En fait, dès qu'elle a appris l'accident du Kid, les solutions ont commencé à tourbillonner dans sa tête.

Après tout, n'est-elle pas l'assistante-bras-droit-indispensable d'un grand réalisateur?

À ce titre, elle se doit d'être alerte.

Et elle l'est, Char Lot en aura bientôt une nouvelle preuve.

Le temps d'une réunion dans sa loge.

— Et si on proposait aux jumeaux Bulle de remplacer le Kid? suggère Ange.

— Si on remplace le Kid, il faut tout reprendre à zéro, remarque le réalisateur.

— Et pourquoi pas? réplique l'assistante.

Char Lot réfléchit à la question.

Il ne le dit pas à haute voix, mais il voit de nombreux avantages à utiliser les jumeaux pour faire le Kid.

D'abord, Bé et Dé sont identiques, ils sont donc interchangeables. Étant deux pour faire le travail d'un, ils se fatigueront moins vite sur le plateau.

Et si, par malheur, l'un des deux se blesse, le réalisateur touche-à-tout ne se retrouvera pas coincé. Comme si de rien n'était, il pourra poursuivre le tournage avec l'autre.

— J'accepte, tranche Char Lot. Je pose cependant une condition.

— Laquelle? s'inquiète Ange.

— Une fois la caméra actionnée, antordat do pirlor lo blibli, conclut le réalisateur en faisant un clin d'oeil à sa précieuse assistante.

Los jumoiux pirvaondrent-als i sicrafaor lo blibli lo tomps d'un teurnigo?

Iutint dins li vriao vao quo sur grind ocrin?

Qua teurnori vorri!

Finale pour jumeaux souriants

Soir de première.

Sous les flashs des photographes, les jumeaux Bulle s'avancent sur le tapis rouge. Encadrés de Char Lot et de son irremplaçable Ange Lot, Bé et Dé sont à la fois fiers et intimidés.

Fiers d'avoir réussi à combler les attentes du grand Char Lot.

Intimidés par ces gens survoltés qui leur réclament des autographes.

Pour la circonstance, les jumeaux portent leur costume de Kid, y compris la casquette. Par contre, s'ils agitent cette dernière, ce n'est pas pour demander l'aumône.

Non, c'est plutôt pour saluer la foule en délire.

Une fois dans le cinéma, les lumières s'éteignent. Rapidement, les toussotements remplacent le murmure des conversations.

Vingt heures précises, le pianiste attaque la première note. Au même moment, sur le grand écran, les images se mettent à défiler.

Du grand Char Lot avec son légendaire chapeau melon et ses deux petits Kid qui n'en font qu'un. Ses deux petits Kid qui s'interrogent déjà pour savoir lequel d'entre eux est à l'écran.

Du génial Char Lot avec sa démarche dandinante, sa prodigieuse agilité, ses mimiques irrésistibles et ses prouesses étourdissantes.

Quelle performance éblouissante!

Après quinze minutes, c'est gagné.

Quand il faut rire, les gens rient.

Et quand il faut s'émouvoir, les gens s'émeuvent.

Au mot FIN écrit en blanc sur un carton noir, les applaudissements et les bravos fusent, le succès se confirme.

Le réalisateur-comédien se lève et court vers la scène.

— Silence, Char Lot va parler.

S'approchant du micro, il commence son discours. Dans la salle, on n'entend rien. Pas une syllabe, pas un mot, encore moins une phrase.

Est-ce le micro qui ne fonctionne pas ou Char Lot qui s'amuse à ne bouger que les lèvres?

Tout à coup, une voix féminine surgit dans les haut-parleurs.

— Passer de simples figurants à vedettes principales n'est pas une chose facile. Il faut féliciter Bé et Dé Bulle d'avoir réussi à la perfection cet exploit.

Tout ce temps-là, Char Lot continue à parler silencieusement au micro. Sachant lire sur les lèvres, Ange Lot peut traduire ses propos. Pour le bénéfice des spectateurs attentifs, c'est d'ailleurs ce qu'elle continue à faire.

Morca Bo!
Bravo les jumeaux!
Morca Do!
Chapeau les jumeaux!

Silence.

Char Lot ne bouge plus les lèvres et s'éloigne du micro.

Il salue la foule, soulève son chapeau melon et le lance. Tel un boomerang, le chapeau fait le tour de la salle et revient atterrir dans sa main gauche.

Sans tarder, il le relance en direction des jumeaux Bulle.

Pendant que Bé l'attrape, Dé agite sa casquette pour saluer à son tour Char Lot.

Ravie, l'assistance applaudit à tout rompre.

Morca Ingo Let!
Chipoiu Chir Let!

Dans toute cette agitation, que devient le premier Kid? Pourquoi n'est-il pas dans la salle?

Parfaitement guéri de sa blessure, il se prépare à jouer dans le prochain film de Char Lot intitulé *L'enfant du cirque*.

Et pour mieux se concentrer sur ce prochain rôle, il a décidé de ne pas assister à la première du *Kid des Temps modernes*.

En lieu et place, il apprend à jongler.

Dans un édifice centenaire situé à l'angle du boulevard Lumière et de l'avenue des Grands Classiques.

Table des matières

Achevé d'imprimer en août 2007
sur les presses de l'imprimerie Gauvin,
Gatineau, Québec